AF487580